VOYAGE D'UN LANDAIS
A LA FIN DU XVIIe SIÈCLE.

Dans notre siècle on voyage beaucoup et facilement, grâce surtout aux chemins de fer et aux bâtiments à vapeur ; de nombreux voyageurs, simples touristes, artistes, savants livrent au public les résultats de leurs impressions, de leurs observations ou de leurs études. Il n'en était pas de même dans les siècles précédents : il se rencontrait bien quelquefois des hommes que le désir de voir, comme dit La Fontaine, poussait hors de leur foyer et qui ne reculaient pas devant les fatigues et les dangers d'une longue excursion c'était l'exception ; quelques-uns se faisaient même un devoir de recueillir par écrit leurs observations, mais bien rares étaient ceux que tentait la publicité : leur manuscrit restait dans la famille, connu seulement des parents et amis; c'est ce qui e-t arrivé pour le voyage dont nous publions aujourd'hui l'analyse. Son auteur, M⁰ Baralte, était un landais, avocat près la sénéchaussée de Tartas ; il vivait à la fin du XVII⁰ siècle.

Baralle quitta, nous dit-il, sa maison le 24 novembre 1699 et y rentra le 22 mai 1700, après avoir parcouru le midi de la France, l'Italie jusqu'à Rome et Venise, la Suisse occidentale, les bords du Rhin, la Hollande, les Flandres, visité Londres, Paris, Versailles et la France de Paris à Bordeaux.

Il avait fait, ajoute-t-il, 1079 lieues, dont 424 en litière, chaise, carrosse et chariot, 240 par mer, 290 par rivières et canaux, et 125 à cheval. Son récit est un peu sec, écrit sans art, et disons-le sans grand attrait ; pas la moindre trace de cette *humour* qui fait le succès elle charme des voyages de Victor Jacquemont, Paul Marcoy, Roger de Beauvoir, Louis Jacoliot et d'un grand nombre de ceux que publie *Le Tour du Monde* : pas ou peu de couleur locale ; il voit des villes, des bourgs, des villages ; il les décrit minutieusement, énumère fidèlement leurs monuments : églises palais, marchés, etc., mais tout cela sans piquant, sans entrain, sans touche réaliste ou fantaisiste. Il reste surtout froid devant les grandes beautés de la nature, — son époque ne les comprenait pas — ; Les Alpes, la Suisse ne lui rappellent que de mauvais chemins, des neiges, des froids, des précipices ; il préfère les grasses et fertiles plaines de la Lombardie et de la Hollande. Cependant dans ce récit sans art, mais naïf et tout empreint de bonne foi, on retrouve d'intéressantes observations sur les costumes, les mœurs, les productions ; il dit froidement mais *vrai* : ses descriptions sont monotones, mais on sent qu'elles sont véridiques, et ce n'est pas à lui qu'on pourrait appliquer ce proverbe : a beau mentir qui vient de loin. Nous recueillons ainsi plus d'un détail qui a son prix, plus d'un trait de mœurs, plus d'une donnée intéressante à comparer à l'état actuel, plus d'une réflexion dont le temps a consacré la justesse, après que l'histoire en avait déduit les conséquences. C'est ainsi que quand il nous dépeint l'indépendance, le bien-être, la richesse des paysans hollandais, l'égalité des citoyen devant la loi et devant l'impôt, l'esprit, par un retour naturel, se reporte sur l'inégalité choquante des classes en France à cette époque et sur l'état misérable de nos pauvres paysans vivant la plupart dans des huttes, cultivant mal, parce qu'ils sont sans ressources et sans le stimulant de la propriété, une terre qui ne demanderait pourtant qu'à produire et à enrichir le pays. C'est encore ainsi que quand il nous parle du mouvement industriel de la Hollande et de l'Angleterre, nous songeons tristement à ces belles et riches fabriques créées par Colbert et que la révocation criminelle et impolitique de l'Edit de Nantes avait fermées et transportées chez nos voisins mieux avisés et où « tout le monde » était en grande liberté. »

Nous reproduisons en entier les passages
relatifs à nos Landes, en raison de l'intérêt
tout spécial qu'ils nous offrent. — Les pre-
mières lignes étant tronquées, la relation
débute par Mont-de-Marsan.

« Mont-de-Marsan est une petite ville à la
» jonction de la Douze et du Midou, ceste
» dernière la séparant en deux et ayant un
» pont de pierre fort élevé. Il y en a de
» mesme un autre près le fauxbourg de
» Campet sur la Douze. La ville qui est entre
» les deux rivières n'a qu'une principale
» grande rue, les autres estant peu de chose,
» mais elle est considérable (la rue). Il y a
» l'église principale et deux couvents de filles.
» A l'autre costé appelé le Bourg sont les
» Barnabites, près une grande fontaine, et les
» Cordeliers. Le fauxbourg du port est au-
» dessous, le long de la rivière qui commence
» là d'estre naviguable, sous le nom de la
» Douze qui est le plus grand des deux. Vers
» la pointe de la jonction est ce qu'on appelle
» le Vieux-Château qui n'est pas grand
» chose.

» La ville n'est point sur une hauteur quoi-
» qu'il le semble par son nom ; son terrain
» plat est seulement un peu élevé au-deesus
» de la rivière, mais bas eu égard aux pays
» qui l'environnent qui sont des collines et
» des terres sablonneuses. La perspective de
» la ville n'est pas fort belle ; il n'y parait que
» la tour de la grande église, assez grosse,
» où il s'élève au costé un pan de muraille
» avec une petite pointe dessus ; la halle en
» est voisine. L'église des Cordeliers a une
» haute aiguille.

» La ville a 5 portes, deux à la grande
» partie, celles du pont de Campet et du
» Bourgneuf où est une place d'ormeaux à
» l'endroit où était jadis quelque vieux châ-
» teau. Il y en a trois à l'autre partie appelée
» le Bourg qui ont chacune une haute tour ;
» elles se nomment d'Aire, de Saint-Sever et
» du Port où est un faubourg et une grande
» place. (¹)

(¹) Mont-de-Marsan actuel ne répond pas tout a
fait à cette description ; il s'est produit dans cette ville,

» A trois lieues est Villeneuve, bourg ou
» méchante bicoque, sur une hauteur où il y
» a une assez belle plaine... Le terroir est
» environné de fossés ; la ville n'a point d'au-
» tre enceinte et n'est composée que d'une
» rue assez courte. On y entre par une tour
» de briques qui a à gauche une église et un
» clocher de mesme fabrique (de briques)

comme dans toutes les autres, des changements plus
ou moins considérables : l'ancienne église a été re-
construite ; les deux ponts de la place de la Mairie et
de la Porte-Campet sont assez récents, le dernier surtout ; le couvent d s Barnabites occupait la place de
la Fontaine ; celui des Cordeliers était situé entre la
rue de ce nom et celle du Commerce ; sur l'emplace-
ment du couvent des Clarisses on a bâti l'hôtel de la
Préfecture, et sur celui des Ursulines la caserne de
gendarmerie et le tribunal. — Il existait un château-
fort, celui de Nolibos, là où est la trésorerie générale;
une rue rappelle le *Château-Vieux* surpris par Montluc
le 16 mai 1569. Les 5 portes étaient à l'entrée des fau-
bourgs de la Porte-Campet, du Bourg-neuf, vers le
milieu de la rue St-Sever, à l'extrémité de la rue
St-Vincent-de-Paul et aux abords de la place du Commerce. — On peut encore suivre la trace du rempart
depuis la maison d'un boulanger adossée à la chapelle
de l'hospice jusqu'au port ; il passait au nord de la
place St-Roch, entre les maisons nᵒˢ 30 et 32 de la
rue St-Sever, dans des jardins contigus à la maison de
M. Panceau, au coin de la rue des Cordeliers, allait
ensuite en ligne droite jusqu'en face du pont du Commerce et de là longeait la rivière.

» mais les maisons ne sont que de bois, la
» pluspart appuyées sur des piliers, ayant
» comme des halles au-dessous. Le marché
» se tient dans cette rue qui est assez large
» avec une porte de briques à l'autre bout.

» Le pays est bien partagé de vignes et
» champs avec quelques landes meslées que
» les habitants laissent pour leur bétail et
» leur usage, le pays estant d'ailleurs assez
» cultivé, ce qui continue jusqu'à Toulouse.
» Il est coupé de hauteurs, mesme dès la
» sortie de Villeneuve. Elles sont fertiles et
» diversifient agréablement la vue sur les
» collines et vallées. (1)

» On vient au bout de quelque temps à un
» moulin sur le ruisseau de Gaube, laissant
» le château d'Ognoas à gauche ; et, après
» avoir passé une petite lande d'où on a
» une très-belle vue sur la colline au-delà

---

(1) Villeneuve n'est plus aujourd'hui une méchante
bicoque ; c'est une jolie petite ville aux maisons de
pierres et dont les fossés ont été comblés et convertis
sur quelques points en promenades publiques.

» du Midou et où sont les châteaux de Mani-
» ban, de Mauvoisin et de Juliac, on monte
» après une agréable vallée par devant Rim-
» blez, maison bien située sur la hauteur
» avec une belle ormaye (allée d'ormeaux) et
» une petite église voisine. On laisse ensuite
» à gauche, dans la plaine, Montaigu (Mon-
» tégut), village dont l'église a une grosse
» tour carrée. Après une petite lande, on
» revient par un meilleur pays à Montgui-
» lhem, petit bourg composé de quelques
» mauvaises maisons de bois assez eslevées.
» La rue est large et boueuse, mais de peu
» d'estendue entre ses deux portes de briques
» dont celle de l'entrée a une tour ; il y a
» quelques fossés autour demi-comblés. L'é-
» glise est de briques avec son clocher qui
» est couvert en pavillons.

« Le pays est bon dans la grande vallée ou
» plaine du Midou où on trouve aussi de
» grands taillis assez eslevés au dessous de
» la hauteur de Montlezun, un méchant bourg
» qui paraît de loin avec quelques maisons

» délabrées de bois.....

Nous nous contentons, à partir de ce point
d'analyser sommairement le long itinéraire de
notre voyageur, citant textuellement, quand
c'est possible, une phrase, un mot caractéris-
tique.

Sa première étape après Villeneuve est
Nogaro (1) » petite ville en plaine... avec un
» clocher en pyramide de briques et des mai-
» sons de bois. Il traverse ensuite Vic-Fe-
» zensacq. (2) petite ville d'une assez grande
» longueur, dont les murs bâtis de pierres sont
» ruinés en quelques endroits et font trois
» différentes enceintes dans un même circuit,
» ce qui paraît en suivant la grande rue...
» Les maisons sont de bois, quoique la pierre
» soit commune. A droite est une tour de
» pierres de taille fort eslevée... Du côté du
» midi, hors ville, il y a des cordeliers,
» et vers le nord, dans la campagne voisine

____

(1) Nogaro, chef l. de cant. (Gers), à 59 kil. d'Auch.

(2) Vic-Fezensacq, chef-l. de cant. (Gers), à 28 kil.
d'Auch. L'ancien couvent des cordeliers a été converti
en hôpital.

» on voit une belle abbaye de prémontrés. »

Avec Baratte nous traversons St-Jean-Pou-
ge » dépendant de l'abbaye de la Case-Dieu,
« et laissant à gauche le bourg et château de
» la Roquette à M. Laroque, on passe au pied
» de la hauteur où sont situés l'église et le châ-
» teau de Dourdan, devant Labarrère, et par
» une colline ayant vallée des deux côtés et
» une route ravissante, on arrive en descen-
» dant insensiblement à Auch...

« Auch a 5 portes : de la Treille, St-Pée,
» de Caillan, Porte neuve et Portalette....
» La ville est incommode puisqu'il faut tou-
» jours monter ou descendre. » Notre voyageur décrit minutieusement la cathédrale avec
ses chapelles, son jubé, ses vitraux de 1513, ses
boiseries du chœur de 1529, « la plus belle
menuiserie du Royaumme. » (¹) Il énumère

______

(1) La cathédrale d'Auch classée parmi les monuments historiques est surtout remarquable par ses vitraux, œuvre merveilleuse d'Arnaud de Moles, et par
ses stalles —son beau jubé, ouvrage de Gervais Drouet,
a été remplacé en 1860 par un avant-chœur dans le
goût moderne.

les divers établissements religieux : Ursulines, Clairisses, Jésuites, Jacobins, Cordeliers, Capucins, etc.

D'Auch il va à Gimont, (¹) « ville d'une gran-
» de longueur quoique petite, fermée de mu-
» railles assez délabrées, avec quatre églises,
» un couvent de Capucins et une abbaye de
bénédictions ; puis à l'Isle en Jourdain (²) »
» petite et pauvre ville, située sur une hau-
» teur, avec des maisons de bois et désagréa-
bles..., des cordeliers et des capucins hors
» ville...» Ensuite par Laguevin, Pibrac, Colomiers, St-Martin, (³) il arrive à Toulouse

----

(1) Gimont, chef-l. de cant. (Gers) à 26 kil. d'Auch — Son église renferme un magnifique tryptique du XVI⁰ siècle.

(2) L'Isle-en-Jourdain. chef-l. de cant. (Gers) à 43 kil. d'Auch.

(3) Laguevin, Pibrac. Colomiers et St-Martin appartiennent au département de la Haute-Garonne. On montre encore dans le château de Pibrac le cabinet où Guy du Faur de Pibrac composa ses fameux quatrains traduits dans toutes les langues de l'Europe et même en turc et en persan.

où il va loger à St-Jacques, près la porte St-Michel.

Notre voyageur ne dit rien de Toulouse qu'il quitte le 29 novembre par la voie « commode » du canal. « Les écluses de
« Toulouse, jusque vers Castelnaudary sont
« bien bâties de briques, mais plus avant jus-
« ques à Agde, elles sont encore plus solide-
« ment faites estant de pierres de taille bien
« fortes et faisant un eslargissement entre ses
« deux portes, pour qu'il puisse entrer et
« sortir plus d'un bâteau. Il y a de petites
« loges à chaque écluse où des gens sont ga-
« gés pour les lever à l'arrivée des bâteaux
« qui sont tirés par des chevaux. On a fait
« une chapelle à chaque disnée, afin que les
« passagers puissent entendre la messe, les
« fêtes, sans se détourner, et les maîtres du
« bureau ont soin de faire embarquer un
« prêtre à chaque bâteau ces jours-là. Il part
« journellement un bâteau de Toulouse et
« par conséquent de tous les autres lieux al-

« lant et revenant. Les cabarets, les chemins
« sont à M. Riquet (1).

Par le canal il traverse successivement
Montgiscard (2), le partage des eaux, « grand
« bassin qui reçoit les eaux des montagnes
« du nord pour les distribuer ensuite au ca-
« nal, » — Castelnaudary, « petite ville avec
« un bassin qui a une fort grande circonfé-
« rence, » — Montréal, laissant Pennautier à
gauche. Carcassonne, Trèbes, « située en
« un beau pays » — Marseillette avec son
étang « d'environ 16,000 arpents de terre en-

---

(1) Riquet né à Béziers en 1604 mort à Toulouse en
1680 commença en 1666 les travaux du canal qui ne
fut terminé que 6 mois après sa mort. Les lettres pa-
tentes de Louis XIV avaient érigé le canal en fief au
profit de Riquet, à la charge par lui et ses descendants
de pourvoir à l'entretien. La dépense s'éleva à 17
millions (54 millions de notre époque), et comme les
fonds mis à la disposition de Riquet étaient insuffi-
sants, il y consacra sa fortune personnelle et laissa en
mourant 2 millions de dettes. La longueur du canal
est de 239 kilomètres avec une profondeur de 2 mè-
tres et 100 écluses.

(2) Montgiscard est dans la Haute-Garonne, à 21
kilom. de Toulouse. — Montréal, Pennautier, Trèbes, Marseillette, Pécharic, la Redorte, Azille, Argens,
Saint-Nazaire, Bize sont dans l'Aude ; Capestang dont
l'étang a une superficie de 1893 hect., Le Malpaz, Colombiers, Villeneuve, Vias sont dans l'Hérault.

« vironné de marais couverts d'herbes et
« qu'on travaille à dessécher » — Pécharic,
La Redorte, Azille, Argens, Saint-Nazaire,
Bize, Capestang auprès d'un grand étang et
avec une bonne enceinte d'où la vue s'étend
jusqu'à Narbonne, Le Malpaz, Colombiers
et il arrive « par une belle plaine de jardins
« à Béziers, assez bonne ville qu'on laisse à
« gauche sur la hauteur ».

De Béziers à Agde on ne compte que trois
écluses. « Le canal continue en droite ligne
« par un beau pays tout en plaine qui est
« quelquefois incommodé des éboulements
« du canal qui en inonde beaucoup (de ter-
« rain) dans ce terroir gras et marécageux.»—
On passe à Villeneuve où l'on admire « le
« beau parc et jardin du marquis de Ville-
« neuve » — à Vias et on arrive par une
plaine unie à Agde « petite ville à un quart
« de lieue de la mer, dans une plaine très-fer-
« tile là où les marais n'embarrassent pas la
« terre. La ville est de la grandeur de Dax (1)

---

(1) Cette comparaison est encore vraie aujourd'hui :
Agde compte 9,747 hab. et Dax 9,453.

« et fort ancienne. C'est un évesché de pe-
« tite étendue, puisqu'on dit que de la tou-
« de l'église on voit tous les lieux qui en dé-
« pendent, mais dans un si bon pays qu'i
« vaut 40,000 livres de rente à Mgr Fouquet
« le plus riche évesque de France en argen
« comptant, à ce qu'on croit... Le port es
« assez profond, et on y voit toujours beau-
« coup de barques, brigantins et tartanes. »

Notre avocat s'embarque le 3 décembre à
Agde sur une tartane, côtoie le fort de Bres-
cou « bâti sur un petit rocher » — et passe
ensuite devant Cette « de bon matin. C'est un
« joli port que le roi a fait faire, mais les sa-
« bles que la mer jette continuellement em-
« peschent qu'il ne soit beaucoup fréquenté.
« Il y a là un passage pour entrer dans l'es-
« tang ; on en voit un autre (étang) à Mague-
« lone (1), vis à vis de Montpellier. On voit
« aussi Aigues-Mortes (2) un peu dans la terre,

____

(1) L'étang de Maguelonne a une superficie d'environ 1,300 hect.

(2) Aigues-Mortes (Gard) ; ses murailles offrent le

dont la grosse tour de Constance se fait re-
marquer, puis le fort de Pékais qui est
dans un pays bas, où il y a une garnison
pour garder les salines qui fournissent de
sel une partie de la France. La côte n'est
que sable, fort basse et qui a gâté les en-
trées des rivières et ports, jadis fameux en
ce quartier... Le temps estant très-beau,
« nous distinguions tout, surtout le beau
« bourg de Saintes-Maries (1), situé à l'em-
« bouchure du bras du Rhône appelé Orgon..
« On s'éloigne ensuite un peu plus de cette
« côte basse à cause des sables qui sont bien
« avant dans la mer où le Rhône les repousse
« et les vents les dispersent ensuite quand ils
«

---

spécimen le plus complet de l'architecture militaire
au moyen-âge. En avant des remparts s'élève la tour
de Constance dont la construction est attribuée à
St-Louis ; elle est, comme les murailles, classée parmi
les monuments historiques.

(1) Saintes-Maries chef-lieu de canton (Bouches du
Rhône) offre cette particularité d'être l'unique commune du canton.

« agitent la mer. On voit le long de ceste côte
« des enfoncements où la mer fait des marais
« fort grands dans la Camargue, et on vient à
« l'autre embouchure appelée des Fines qui
« est sur un cap avancé où il y a quelques îles
« de sables... La troisième embouchure est
« Port-passon. Le reste de la côte est sablon-
« neux et bas jusqu'aux hauteurs qui sont
« vers Fos, bon bourg le long des sables,
« près la mer et les étangs qui sont au-delà
« le territoire de La Crau. »

Barratte arrive à Marseille le 5 décembre
de bon matin. Il y séjourne 12 jours et se
contente de décrire sommairement la ville
« parce qu'elle a été descrite ailleurs. La
» chapelle de la Madeleine a une porte de
» beau marbre blanc fait par Puget (1) qui y
» est enseveli... Il a fait les figures de la
» façade de la loge de Marseille. On voit sa
» maison un peu au-dessus de la chapelle sur

---

(1) Puget, peintre, sculpteur et architecte, né à
Marseille en 1622, mort dans cette ville en 1604. —
Son chef-d'œuvre est, avec le groupe de *Milon de Cro-*
tone, la fameuse porte de l'hôtel de ville de Toulon

» la colline plantée de vignes. On y voit di-
» verses chambres ornées de belles peintures
» et sculptures d'un grand prix. Il y a un
» grand bas-relief si bien travaillé d'une
» grande table de marbre qu'on en a refusé
» 12,000 livres.

Après un séjour de 15 jours à Marseille,
il en part en litière pour Toulon, traversant
successivement Aubagne, Geménos, Caniou,
la Cadière, le Castellet, le Beausset, la vallée
d'Oliols (Ollioules) (1) avec ses orangers « et
» ses rochers nus et effroyables » quand on
arrive de l'ouest. Cette vallée s'élargit ensuite
et devient délicieuse en approchant de Toulon où l'on arrive au milieu de charmantes
bastides.

Barratte va loger à l'hôtel de Malte, devant
la halle au blé. S'il ne dit rien de la cuisine
provençale, si redoutée des gens du nord, il

(1) Localités du Var. Les gorges d'Ollioules, longues
de 4 kil. environ. forment en effet un défilé étroit, ari-
de, sauvage, dont les rochers offrent les formes les plus
bizarres.

décrit longuement la ville : enceinte, portes,
vieux port avec ses vaisseaux désarmés, port
neuf, arsenaux, places, églises, couvents, etc.
Toulon, dit-il, est une « ville peuplée ; on y
» voit plus de femmes que d'hommes, hors
» dans le temps de l'assemblée des flottes. On
» dit des habitants, à cause de leur dureté,
» que ce sont des mores blancs ou baptisés.
» On compte qu'il y a 40,000 âmes dans
» ceste ville qui a ses maisons fort eslevées,
» toutes bien bâties, mais pourtant plates. (1)
 » Après avoir resté à Toulon 5 ou 6 jours,
» retenu par des pluies ou des vents contrai-
» res, le vaisseau sur lequel j'avais pris em-
» barquement partit le 23 décembre vers le
» soir. C'était une frégate de 40 pièces de
» canon avec une charge de 80,000 livres de
» morues pour Civita-Vechia. »

Le navire, après avoir passé entre Nice et
la Corse dont on distingue nettement les

---

(1) La population de Toulon est aujourd'hui de
plus du double.

montagnes couvertes de neige, vient jeter
l'encre à Porto-Ferrajo , dans l'île d'Elbe,
que les évènements de 1814 devaient rendre
si célèbre. » Le climat y.est chaud ; aussi y
a-t-il beaucoup d'orangers dans les jardins. »
Notre voyageur séjourne à Porto-Ferrajo du
25 décembre 1699 au 3 janvier 1700. Débar-
qué le 5 janvier à Civita-Vechia, il est le 6 à
Rome où il séjourne jusqu'au 24 du même
mois. Il ne dit rien de la ville éternelle, se
réservant d'en parler longuement ailleurs (1).

De Rome il part pour Florence. Le voyage
en voiture dure 5 jours et coûte, nourriture
comprise, 9 écus romains (2). Dans ce par-
cours, il nous décrit tour à tour et minutieusement Ronciglione, Viterbe, Montéfiascone,
Acquapendente, Radicofani, Sienne (3). La

---

(1) Il devait avoir décrit Rome dans un autre
manuscrit qui a probablement disparu.

(2) Environ 58 fr. de notre monnaie.

(3) Ronciglione, petite ville des anciens états du
pape ; Viterbe ville de 22,000 habit. dans les anciens
états pontificaux ; Montefiascone à 22 kil. N. O. de
Viterbe, célèbre par son vin muscat ; Aquapendente,

beauté des palais de Florence et les nombreux objets d'arts qu'ils renferment excitent son admiration. C'est à juste titre, dit-il, qu'elle a été « surnommée la belle par excellence... » Les Italiens, ajoute-t-il ailleurs, sont « mai-
» gres, ingénieux et dissimulés. Les femmes
» y sont belles. .. »

De Florence, Baratte gagne Venise par Fiorenzuola, Bologne, Ferrare, Chiosa (1), décrivant comme toujours en détail l'aspect et les monuments des localités qu'il traverse. A Venise, il alla « loger sur le grand canal, à « l'escu de France. »

La description de Venise à laquelle il donne 180,000 habitants, — 100,000 de plus que

---

non loin du lac Bolséna ; Radicofani, bourg de Toscane ; Sienne, une des villes d'Italie les plus riches en monuments célèbres et dont l'église connue sous le nom de Dôme a une réputation européenne.

(1) Fiorenzuola, petite ville à 21 kil. S. E. de Plaisance ; — Bologne, Ferrare sont connues de tout le monde ; — Chiosa que l'on écrit Chioggia ou Chiozza, est à 22 k. au S. de Venise sur les lagunes de l'Adriatique.

Florence — (1), comprend 26 pages d'une écriture très-serrée.

» La liberté de Venise, écrit-il, est une
» chose vantée partout ; le peuple y est es-
» clave comme ailleurs, mesme plus, les no-
» bles les tyranisant beaucoup. Mais cepen-
» dant on vit tranquillement dans la ville
» plus que en lieu du monde, pourvu qu'on
» ne s'ingère pas de parler du gouvernement
» et qu'on ne commette pas des crimes escla-
» tant. Le concubinage semble tourné en
» coutume ; le nombre des courtisanes y est
» excessif ; celui des filles entretenues par les
» nobles ou autres est infini... Les femmes
» accoutumées à ceste vie de leurs maris ne
» s'en formalisent pas. Elles se vengent de
» leur costé dans le temps de leur liberté qui
» est le carnaval... La liberté de conscience
» est fort grande ; on y laisse tout le monde
» en repos pourvu qu'on ne choque pas par

---

(1) Venise ne compte aujourd'hui que 118,000 hab-; Florence en a plus de 120,000.

» un exercice trop éclatant, et ils prétendent
» avoir des priviléges contre l'autorité du
» pape avec qui ils ont eu souvent des des-
» mêlées Ils ne souffrent pas qu'aucun ec-
» clésiastique se mêle du gouvernement, et
» tous les parents des cardinaux en sont ex-
» clus. »

Barate quitta Venise le 11 février 1700
par la barque de Padoue, visita cette ville
qui comptait 80,000 âmes, y compris les étudiants, avec 26 paroisses outre la cathédrale,
25 couvents de religieux et 23 de filles.
« M. Patin, médecin français y est mort, dit-
» il, depuis quelques années (¹) ; ses deux
« filles sont mariées à deux gentilshommes
« de la ville. » — Suit une longue description

(¹) Charles Patin, fils du célèbre Gui Patin mourut
en effet à Padoue en 1695. Accusé d'avoir propagé un
libelle injurieux contre Madame et condamné aux ga-
lères il s'échappa et, après avoir parcouru l'Allemagne, se fixa à Padoue où il professa successivement la
médecine et la chirurgie. C'était en même temps un
numismate distingué.

de l'église Saint-Antoine avec ses richesses artistiques, notamment les peintures du Giotto (1) et le tombeau d'Héléna Piscopia-Cornaro, femme célèbre par sa science (2).

Il visite ensuite Vicence, Vérone et son amphitéatre, Peschiera. Brescia dans « une situation admirable », Palassolo, Bergame « aux collines riantes, Milan la plus grande « ville de l'Italie après Rome. » Le prince de Vaudemont en était gouverneur.

» La ville ajoute-t-il. abonde en toutes » choses, et on y vit fort agréablement. à bon » marché. C'est à Milan seulement qu'on fait

---

(1) Giotto, peintre Florentin né en 1276, mort en 1336, élève de Cimabue et ami du Dante. C'est un des plus vastes et des plus brillants génies qui aient illustré la peinture ; il avait été pâtre dans sa jeunesse.

(2) Lucrèce-Hélène Cornaro-Piscopia, de l'illustre famille vénitienne des Cornaro, née en 1646, morte en 1684. Elle connaissait l'espagnol, le français, le latin, le grec, l'hébreu et possédait à fond les mathématiques, l'astronomie, la musique, la philosophie, la théologie. Elle était docteur de l'université de Padoue.

» bonne chère, dit un proverbe italien. »
— La cathédrale est décrite en détail. « Elle
» pourra à bon droit passer quand elle sera
» achevée pour une 8e merveille du monde »
— Le musée Settala (1) attire surtout son admiration et il en énumère toutes les merveil-
les.

De Milan il se rend à Novarre, Verceil,
« clef du Piémont » — Chivas, Turin, une
» des plus jolies villes de l'Europe, avec la
» cour la plus gentille après celle de France,
» les gens y estant polis et se conformant
» aux façons de France dont on parle la lan-
» gue parmi tous ces honnêtes gens, »
— Veillane, Avigliana, Suse. Le 1er mars, il
partit de la Novalaise sur un mulet pour fran-
chir le mont Cenis dont il nous dépeint les
affreux précipices et qu'il descend en *ramasse*. « C'est un traineau de 4 à 5 pieds de

-----

(1) Settala, célèbre mécanicien italien, mort en
1680, avait composé un musée archéologique et
mécanique qu'il légua à la bibliothèque Ambrosienne.

« long et environ 3 de large, n'ayant pas
« plus d'un pied de haut. Les bouts de de-
« vant sont retroussés en haut pour ne s'ac-
« crocher pas, et il y a deux bâtons liés qui
« avancent un peu comme des brancards de
« calèche. L'homme se met au milieu et le
« tient des deux mains, traînant après lui
« ceste machine selon les détours, d'une telle
« vitesse qu'on ne met pas un demi quart
« d'heure pour faire ceste lieue de descente.
« Il marche si vite que le chemin se trou-
« vant trop raide et ne pouvant point se te-
« nir sur ses pieds, il glisse le cul à terre
« d'une vitesse inconcevable. »

Après avoir traversé Modane (1), Saint-
Jean-de-Maurienne, Montmélian, il arrive à
Chambéry « jolie petite ville, séjour ancien
« des ducs de Savoie. » Il en part le 6 mars
en litière, traverse Aix, Rumilly et arrive à

----

(1) Modane est en France à 5 kilomètres environ du
tunnel du Mont-Cenis et à une altitude de 1,072 mè-
tres.

Genève dont les armoiries ont pour devise :
post tenebras lux, — après les ténèbres la lu-
mières. Son lac renferme des truites de 60
livres ; « mais le meilleur poisson est l'om-
« bre-chevalier » (1). Il quitte Genève le 10
mars, et à travers une campagne des plus
riantes, gagne successivement Nyon, Morges,
Lausanne, Moudon, Payerne, Avenches, Morat, Berne (2) dont « le peuple est riche, ne
« payant que peu de chose à l'Etat. L'air y
« est humide et pesant à cause des lacs et des
« grands bois aussi bien que des neiges qui
« couvrent les montagnes une grande partie
« de l'année. Les habitants tiennent un peu
« du climat ; ils ont beaucoup de candeur.
« Les femmes sont moins sujettes au liberti-

---

(1) L'ombre-chevalier, poisson de la famille des
salmonoïdes est rare en France et ne se rencontre com-
munément que dans les lacs de Genève et de Neuf-
châtel.

(2) Nyon, Morges, Lausanne, sont sur les bords du
lac de Genève ; Moudon, Payerne, Avenches, Morat
sont entre ce lac et Berne.

« nage qu'en pays du monde. L'argent est
« rare en Suisse ; aussi toutes choses y sont
« à bon marché. Les maisons sont propres
« au dedans aussi bien qu'au dehors. Les ha-
« bitants vers Berne commencent d'avoir des
« culotes froncées et des pourpoints à l'an-
« tique ; quelques-uns même des plus jeunes
« ont de longues barbes, ce qui leur fait plus
« tôt trouver des femmes dit-on. Les filles
« ont les cheveux nattés derrière avec une
« petite calotte sur la teste. »

De Berne il se rend à Bâle, en passant par
Soleure, « ville belle et riante, où demeure
» l'ambassadeur de France. » Bâle est riche
par son commerce et célèbre par son université. « Les bourgeoises y ont une grande
« coiffure blanche plissée et retroussée par
« dessus la teste, allant pendre par derrière
« jusques au jarret, et une partie se ramasse
« par devant qui enveloppe le bas de leur vi-
« sage jusques au nez. Les filles de bonne
« maison portent un chapeau relevé devant
« et derrière et pendant des deux côtés sur

« les oreilles avec un pli qu'elles font pren-
« dre aux bords. Leurs habits sont fort serrés
« avec de grandes manches comme des aisles
« et la juppe courte. »

A Bâle notre voyageur loge à l'hôtel des
trois rois. « L'hôte, dit-il, est un homme si
« singulier qu'il mérite qu'on parle de lui. Il
« s'appelle Hauser et est riche de plus de
« 200,000 livres. Il a toujours 5 ou 6 tables à
« divers prix. La première qui est fort bien
« servie est à un escu par jour, et on aurait
« lieu d'estre content si cet homme qui
« s'est fait un métier de boire ne venait har-
« celer ses hostes à boire avec lui, d'une telle
« manière qu'il faut être né allemand pour
« y résister ; et ce qu'il y a de remarquable,
« c'est qu'il donne le meilleur vin de sa mai-
« son, sans qu'il en prétende rien que le plai-
« sir de s'enivrer et d'enivrer les autres.
« Voici les armes dont il se sert qui sont des
« plus propres pour être bientôt par terre :
« ce sont de longs verres, puis des flûtes, à
» quoi succèdent des poignards de cristal et

» enfin des pistolets, des carabines et de gros
« mousquets creusés en dedans et d'une si
« grande capacité qu'il n'y a personne qui
« puisse les avaler d'un trait. Cependant
« c'est là où notre homme vous attend, car
« il a fait une loi fondamentale de faire re-
« boire ceux qui ne l'avalent pas sans respi-
« rer. »

Après un court séjour à Bâle, il se rend à
Strasbourg par Brissac. « Strasbourg est une
« grande et bonne ville avec 10 à 12,000
« hommes de garnison, sous M. de Chamilly,
« son gouverneur (1). Il nous en décrit l'ad-
« mirable cathédrale avec sa flèche merveilleuse et son horlorge « qui marque non-seu-
« lement les heures, mais le cours de la lune
« et des astres avec toutes les constellations.»
Notre voyageur traverse ensuite et décrit

---

(1) Chamilly, mort en 1715, maréchal de France
depuis 1703. « Il était si lourd et si bête dit St-Simon,
« qu'à le voir et à l'entendre on ne comprenait pas
« qu'une femme se fut éprise de lui. » — Allusion à
sa liaison avec une religieuse portugaise nommée Alca-
forada.

successivement Philisbourg « environné de
marais, » — Spire et Manheim ruinés de fond
« en comble ainsi que Heidelberg » par ordre de Louvois ; — Worms, Openheim « éga-
« lement ruinés ; Mayence avec sa citadelle
« et son « admirable vallon dont les colli-
« nes assez eslevées sont meslées de ro-
« chers et de quelques petits bois avec de
« grands vignobles qu'on a plantés dans les
« endroits les plus escarpés, partout où
« le terrain s'est trouvé propre et où crois-
« sent les excellents vins du Rhin ;
« Binghem « petite ville brûlée par les
« Français ; Bacharach , Rhinfels , Bop-
« part, Brenbach, Coblentz dans une admi-
« rable situation, sur une pointe de terre, à
« l'embouchure de la Moselle dans le Rhin. »
Il y trouve, comme à Andernak et à Bonn (1)

---

(1) En descendant le Rhin, on trouve successivement; sur la rive droite Philisbourg, Manheim au confluent du fleuve et du Neker, Heidelberg sur le même
affluent mais plus à l'est ; et sur la rive gauche Worms,
Oppenheim, Mayence au point où le Mein se jette
dans le Rhin, Bingen, Bacharach, Rhinfels, Boppart,
Coblentz au confluent du Rhin et de la Moselle, An-
dernach, Bonn, Cologne, Neuss, Rhinberg, Cleves en
Prusse ; — Nimègue, Rhenem, Utrecht en Hollande.

les marques des ravages causés par la dernière guerre et dont ces villes ne se relèvent
que lentement. Cologne, nous dit-il, « passe
« avec quelque justice pour la plus grande et
« la plus belle ville de l'Allemagne. Son uni-
« versité attire beaucoup d'escoliers. Il y
« en a une infinité avec leurs petits man-
« teaux qui demandent l'aumône par les rues
« et vont le soir chanter le *Stabat* et des chan-
« sons spirituelles (de dévotion) devant les
« maisons, afin de retirer quelque chose pour
« subsister ; ce sont la pluspart fils de paysans
« ou pauvres gens qu'on élève par ce moyen. »
— Viennent ensuite Neuss, Rhinberg, Clèves,
Tholus « dans une plaine à perte de vue,
« Nimègue, capitale de la Gueldre et une des
« bonnes villes des Pays-Bas, aux maisons
« toutes de briques enjolivées ; » Rhenen,
Utrecht et enfin Amsterdam.

« Amsterdam est une ville si fameuse dans
« tous les coins du monde qu'il en est peu
« qui l'aient jamais égalée, et quelle idée
« qu'on s'en fasse, on la trouve au-dessous

« de la vérité quand on la parcourt... Les
« maisons sont toutes bâties de briques qu'on
« a soin de peindre et de laver fréquemment;
« aussi semblent elles faites pour le plaisir
« des yeux. — Le premier étage est pavé de
« marbre noir et blanc qu'on a soin de laver
« très-souvent aussi bien que de frotter le
« plancher des autres chambres où on sème
« du sable blanc pour les tenir plus nettes. »
Suit l'énumération des richesses de la ville
et de sa banque, des monuments : églises,
halles, marchés. quais, canaux. Ses librairies
sont les mieux fournies de l'Europe en livres
gravures et cartes. Ailleurs il nous dit : « Les
« villes de la Hollande sont riches et des bi-
« joux pour la propreté. La campagne est
« assez nue, unie, une prairie continuelle
« coupée d'une infinité de canaux, qui semble
« n'abonder qu'en foin et bétail ; et cepen-
« dant rien ne manque dans ce pays, mais
« c'est le commerce qui lui apporte ces com-
« modités et qui le fait regorger de richesses.
« La seule province de Hollande compte une

« ville de premier ordre (Amsterdam), 20 de
« second ordre qui égalent les plus belles
« villes de France après Paris, plus de 30 de
« troisième ordre qui peuvent passer pour de
« belles villes, outre 200 gros bourgs et 800
« villages ; c'est beaucoup pour un pays qui
« n'a pas plus de 60 lieues de longueur et
« 30 de largeur. »

On sait que le sol de la Hollande a changé
d'aspect depuis le IXme siècle. Baratte n'oublie pas d'en rapporter les causes. L'an 860,
dit-il, l'embouchure du Rhin s'ensabla à Katiwik ; le fleuve inonda tout le pays et alla se
jeter dans la Meuse « et depuis il n'en reste
« que le petit bras. L'an 1421, la mer sépara
« la ville de Dort (Dordrecht) de la terre
« ferme, submergea 72 villages, faisant périr
« 100,000 âmes. L'an 1574 la digue de l'Issel
« se rompit par la quantité de glaces que le
« Rhin charriait et une partie de la Hollande
« fut couverte d'eau. L'an 1682 la mer sub-
« mergea plus de 30 villages avec perte d'une

« infinité de monde et de bétail » (1).

Après avoir rappelé ces faits historiques, Baratte continue la description du pays. « Les
« fruits ne sont pas aussi bons qu'en France;
« ils ont de la peine à mûrir. Les prairies et
« les bestiaux font toute la richesse de ceux
« qui ne font point de commerce, puisque les
« vaches rendent 20 pintes de lait par jour
« chacune, ce qui est suffisant pour faire vi-
« vre une personne de la vente de ce lait.
« On en fait aussi du beurre renommé. L'ar-
« pent de prairie vaut 1,400 liv., de terre la-
« bourable 2.000 liv. et celui qui est propre
« au jardinage 3000 liv. L'air y est assez tem-
« péré; l'hiver tous les lacs et canaux sont
« glacés et les habitants ont torné en cou-
« tume d'aller dessus avec des patins, soit
« pour leur plaisir ou leurs affaires. Les im-
« pôts sont très-élevés, mais tout le monde

---

(1) Depuis 516 de notre ère jusqu'à notre époque la
Hollande a eu à supporter 62 inondations plus ou
moins désastreuses ; la dernière est de 1816.

« paye sans murmurer ; les richesses qu'ils
« ont acquises et que chacun acquiert, s'il
« veut travailler, sont cause qu'ils peuvent
« supporter ces impôts. En temps de paix, le
« revenu de l'Estat est de 27,000,000 de li-
« vres qu'on augmente beaucoup en temps
« de guerre. Les paysans y sont à leur aise
« par le moyen de leurs bestiaux. Ils donnent
« 10,000 escus en mariage à leurs filles ; on
« en vu donner jusques à une tonne d'or
« qui vaut 125,000 liv. de France.. Les habi-
« tants sont pleins d'industrie, fort entrepre-
« nants, surtout par mer, sacrifiant tout à
« leur commerce, laborieux et fort ména-
« gers, grands, blonds. Les femmes ne sont
« pas fort vives, mais chastes, bonnes ména-
« gères et tenant leurs maisons très-propres.
« Les voleurs sont pendus sans miséricorde,
« aussi n'y en a-t-il point ; on peut aller libre-
« ment de jour et de nuit. »

« La liberté est la passion dominante des
« Hollandais ; ils sacrifient tout pour s'y
« maintenir. Dès qu'un esclave met le pied

« dans le pays, il est libre. Chacun est sei-
« gneur chez soi après avoir payé ce qu'il
« doit. On ne peut venger les affronts, tout se
« fait par justice qui y est fort bien rendue,
« et leur police passe pour la meilleure et la
« plus exactement observée de l'Europe. On
« a liberté de parler de tout, même des ma-
« gistrats... Les paysans et le menu peuple
« sont mieux couverts qu'ailleurs. Les hon-
« nêtes gens ne sont point de la magnificence
« qu'on voit dans plusieurs coins de l'Eu-
« rope ; aussi tâchent-ils à vivre dans l'éga-
« lité, sans vouloir se distinguer par ces va-
« nités. On ne voit point de mendiants en ce
« pays ; on les enferme quand on les trouve,
« tout le monde s'occupe.

« Le pays estant froid, les femmes aiment
« à boire, mais non pas jusques à s'enivrer
« au cabaret, ni à fumer comme plusieurs di-
« sent ; cela n'arrive qu'aux dernières misé-
« rables. Les maisons et ameublements sont
« les plus propres de l'Europe. On fourbit
« très-souvent les meubles, et presque tous

« les jours on lave les lieux où on passe, de
« mesme que le devant de la rue ; on sèche
« dedans le pavé avec des linges. La batterie
« de cuisine et la crémaillère sont très-lui-
« santes, de mesme que les chenets, chau-
« drons et marmites, aussi claires au dehors
« qu'au dedans. Les servantes se ressentent
« de ce travail, car celles qui valent quel-
« que chose ont les mains crevassées et en
« croûte à force de remuer de l'eau et du sa-
« ble. Cette propreté ne s'étend pas sur les
« personnes ; la plupart paraissent fort négli-
« gées, mangeant mal proprement et boivent
« de mesme dans le pot à bière ou dans un
« verre qu'ils porteront à d'autres après en
« avoir goûté, sans le vuider ni le rincer. Ils
« ont de jolis meubles de bois délicatement
« travaillés, beaucoup de curiosités de la
« Chine et autres pays estrangers, quantité
« de porcelaine et de la vaisselle d'estain
« d'or et d'argent.

« Quant au gouvernement de leur Répu-
« blique, la souveraineté est représentée par

« les Estats qui se tiennent à La Haye où est
« la Cour et le séjour des ambassadeurs. Les
« 7 députés des provinces composent ces
« Estats généraux et traitent des alliances et
« des affaires communes des 7 provinces. »

En quittant Amsterdam, notre voyageur se
rend à Harlem « détruite en 1572 par les Es-
« pagnols. Les habitants pris dans la campa-
« gne furent liés deux à deux et jetés dans la
« rivière. » (1) — L'ignoble Carrier ne devait qu'imiter les Espagnols. De Harlem il va
à Leiden ou Leyde, célèbre par son université, avec des professeurs tels que Scaliger,
Saumaise, Heinsius, Grotius etc. Dans le quartier de l'Université se trouvait l'imprimerie
des Elzevir (2).

---

(1) C'était le fils ainé du duc d'Albe qui comman-
dait l'armée espagnole.

(2) La ville de Leyde a fait dresser et imprimer la
liste des étudiants depuis la fondation de son université en 1575; en 1875, c'est-à-dire trois siècles après,
cette liste contenant 70,000 noms dont beaucoup appartiennent à l'Allemagne, et à l'Angleterre, à la
France.

Scaliger né à Agen en 1540, mort à Leyde en 1609, est

La Haye où il se rend ensuite est située au milieu de « campagnes riantes, mêlées de « prairies et de terres labourables avec de « beaux bois, surtout celui qui regarde le « nord où on trouve une infinité de hérons « qui nourrissent (nichent) sur le plus haut « des arbres. Les catholiques romains sont « en grand nombre et en grande liberté. » On vient ensuite à Delft, célèbre par le mausolée du prince d'Orange (1) et par son excellente bière, et enfin à Rotterdam où vivait

---

auteur de savants ouvrages de critique, d'epigraphie et de chronologie.

Saumaise, né à Semur en 1588, mort à Maestricht en 1655, a publié des travaux remarquables de controverse religieuse et de jurisprudence.

Heinsius, né à Gand en 1580 et mort à Leyde en 1655 s'est distingué dans la philologie ; il a donné des éditions estimées d'Hésiode, d'Horace, de Virgile, de Térence, etc.

Grotius, né en 1583, mort en 1646 ; poëte, historien, philologue, publiciste, célèbre surtout par son traité *de Jure belli et pacis.*

Elzevir, célèbre famille d'imprimeurs. Ils ont édité, dit-on, 1207 ouvrages, presque tous dans le format in-12.

(1) Guillaume le taciturne assassiné le 10 juillet 1584 par un fanatique catholique.

alors M. Jurieu (1) « un des plus habiles mi-
« nistres qui soient sortis de France. »

Baratte s'embarqua le 4 avril pour Londres. « Nous étions, dit-il, à l'entrée de la
« nuit le long de l'isle de Walkeren, à la
« hauteur des villes de Flessingue et de Mi-
« delbourg... Le matin du 5 avril 1700 on
« aperçut la coste d'Angleterre où on vint an-
« crer le soir à la pointe de Nortforland, vis
« à vis de Margate. »

Baratte visite Londres, les Flandres, Paris,
Versailles et le sud-ouest de la France, de
Paris à Bordeaux ; nous rendrons compte
l'année prochaine de cette seconde partie de
son voyage.

H. TARTIÈRE.

Archiviste des Landes, correspondant du ministère
de l'instruction publique pour les travaux historiques, associé correspondant de la société nationale
des antiquaires de France, etc.

---

(1) Jurieu mourut à Rotterdam en 1713 après avoir
quitté la France en 1681. Il est connu par ses luttes
avec Bossuet, Arnauld, Nicolle, Bayle, Basnage et a
laissé un grand nombre d'ouvrages peu lus aujourd'hui

Imp. R. Leclercq.

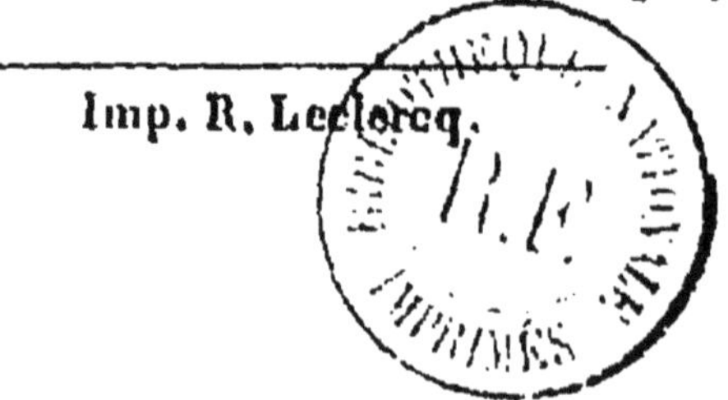

www.ingramcontent.com/pod-product-compliance
Ingram Content Group UK Ltd.
Pitfield, Milton Keynes, MK11 3LW, UK
UKHW022348120726
13694UKWH00004B/1746